AF254000

APPEL AU ROI

ET

A L'ESTIME PUBLIQUE.

Par M. DE COLLEVILLE,

ANCIEN OFFICIER DE CAVALERIE.

A PARIS,

CHEZ L. G. MICHAUD, IMPRIMEUR DU ROI,

RUE DES BONS-ENFANTS, N°. 34.

M. DCCC. XV.

MÉMOIRE

ANECDOTIQUE ET JUSTIFICATIF

DE M. DE COLLEVILLE.

Dans ce siècle, où tant de crimes ont mené à la puissance et malheureusement à la considération, où tant de vertus ont conduit à de grandes infortunes et à d'insultants dédains; dans ce siècle-cohue où la vérité passe pour un mensonge et le mensonge pour la vérité, c'est un problème de savoir si, au milieu de cette quantité de fléaux qui désolent notre espèce, l'impitoyable calomnie n'est pas celui qui a le plus à s'enorgueillir de ses victimes (1).

---

(1) *Deux fables atroces* ont été inventées sur mon compte, et audacieusement insérées par un vil et misérable juif dans un Recueil déjà oublié, d'impostures abominables et de quelques sales vérités bien vulgaires. Je vais répondre en peu de mots à cet affreux libelliste. Sans me prévaloir de mes penchants, de mes douces habitudes, ni des idées conservatrices et de respect que j'ai toujours montrées pour la morale publique et la religion de mes pères, quels qu'aient été ces temps novateurs, je lui ferai observer

Après le noble témoignage rendu à mon innocence sous le gouvernement royal , le 28 décembre dernier, par le ministère public, et enfin l'honorable jugement de la première chambre du tribunal du département de la Seine , le 29 juillet 1815 , il serait superflu et je me dois à moi-même de ne point revenir sur la plus injuste , la plus déplorable des inculpations ; mais je dois à ceux qui m'honorent de leur amitié, je dois à la société eu général l'exposé de quelques particularités antécédentes de ma vie privée , puisque la calomnie en délire a osé m'imputer des principes que j'ai combattus de tout mon pouvoir. Cet exposé , je le pense ,

que pour donner quelque apparence à *ses absurdes* mensonges, il faudrait qu'une seule fois dans ma vie j'eusse été *à Vienne* et *en Hongrie ;* que non seulement je n'ai jamais mis le pied dans l'un ou l'autre endroit, mais encore *dans aucune partie des états heureux* de la maison d'Autriche.

Quoique mon honneur et le bon sens du public soient grossièrement insultés par de telles infamies imprimées , je n'y aurais jamais répondu , sans l'obligation de faire paraître ce Mémoire.

Dieu me garde, ô ciel ! de me justifier de la seconde imputation ; mon innocence a trop d'orgueil. C'est par respect pour le public de l'étranger qui aurait lu ces abjectes faussetés , ces contes révoltants de quelques nouvelles Mille et une Nuits, que mon indignation les relève.

Que l'éditeur de ces monstruosités chimériques apprenne qu'il n'y a que la perte de la vie qui puisse m'ôter le droit de parler de la vertu avec enthousiasme , du crime avec horreur, et des calomniateurs tels que lui, avec le plus profond mépris.

intéressera profondément la raison, la sensibilité de cette classe choisie et peu nombreuse qui réfléchit, et montrera le cruel danger d'être ainsi livré par d'audacieuses et criminelles présomptions aux commentaires de cette multitude qui fait trop éprouver qu'elle écoute sans entendre, répète sans savoir, assure sans connaître, altère et dégrade les moindres circonstances, invente ou colporte légèrement les nouvelles scandaleuses, les noirceurs, les ridicules qui affligent les ames honnêtes, et jamais ces traits de sentiment et de justice qui servent d'exemple, consolent, excusent un peu l'humanité.

Réuni en 1791 sur les bords du Rhin à mon frère, à mon oncle, à mon beau-frère, tous servant dans les différents corps de la maison du roi, j'étais rangé avec eux autour de ce groupe sacré des augustes fils de France, dans les plaines de Champagne.

Après que la politique dégradée de l'Europe sembla abandonner la France à ses terribles destinées, lorsque par de honteux traités, funestes pronostics de honteuses alliances, elle devint d'années en années la complice de si fameux désastres, long-temps après l'expédition où une nombreuse élite de Français si regrettables se rendit sur cette plage fatale (1) où elle ne parut que pour être li-

---

(1) Quiberon.

vrée à la fureur des flots et à celle de ses ennemis,
l'ame découragée, je formai la résolution de rentrer en France; je fis part de mes vues à M. de
Lacoudraye qui était dans l'ancienne bienveil-
lance de M. le baron de Br..... Mes sentiments
étaient connus de ce ministre : il les avait éprou-
vés dès les premiers moments de la révolution,
pour le service du roi; et de Bruxelles, il voulut
bien donner diverses directions à mon attachement à sa cause.

Un ministre de la république française (1)
au cercle de la Basse-Saxe arrivait à Hambourg.
Je lui manifestai mon désir de rentrer en France.
Il écrivit à cet égard, et ne reçut que plusieurs
mois après une réponse évasive. Dès le premier
abord on distinguait dans ce ministre un homme
qui n'ayant été ardent dans aucun parti, pouvait être comparé à M. le comte Barthelemy;
tous les deux décelaient des défenseurs à l'ordre
social, et des serviteurs que l'avenir ménageait
au roi.

Je n'avais point caché cette résolution à deux
de mes amis. A qui fit-elle jeter les hauts cris ? à
cette nuée future de courtisans, alors très sus-
ceptibles, et depuis si orgueilleux, si vains de
tant de lucratives bassesses à la cour ou dans les
grandes administrations de Bonaparte. Avec un peu

____

(1) M. Rei....

de menée que n'accrédite-t-on pas dans le monde,
pour peu qu'il y ait là quelques sots qui répètent,
et quelques méchants qui sourient ? On fut jusqu'à répandre à Hambourg qu'un grand seigneur
de la cour de Louis XVI (1), digne par d'écla-
tants services en Hollande, en Espagne, par ses
aïeux et sa loyauté des premières distinctions,
de celles de Louis XVIII ; que ce grand seigneur,
dis-je, qu'une légère circonstance venait d'éloigner de Blankenbourg, m'expédiait une correspondance que j'envoyais à Paris.

Bientôt il me fallut céder à la pressante invita-
tion qui me fut faite de me rendre en Angleterre
pour donner à une personne distinguée par son
nom, ses qualités, l'estime de milord G...., et
depuis par une illustre captivité, la mesure de
mes rapports avec le ministre de France, et le
motif du voyage qui m'avait conduit précédemment à Londres.

Je m'embarquai donc aussitôt pour Yarmouth,
où les ordres étaient donnés d'avance pour que
rien ne retardât mon arrivée dans la capitale. Je
mis au courant de tout ce qu'on voulait savoir de
moi, de mes projets et de mes fermes sentiments.
Ces détails, écrits de ma main, furent adressés à
l'un des principaux personnages de la secrétai-
rerie d'état aux affaires étrangères. Mon explica-

____

(1) M. le duc de Lav....

tion donnée, je quittai Londres, après avoir reçu toutes sortes d'égards, et joui de cette liberté pleine, dont ces Romains modernes ne parlent pas en vain.

Le ministre de France fut bientôt après envoyé en Suisse. Mes combinaisons s'évanouïrent, et je restai à Hambourg, gardant mes espérances et mes inutiles projets.

Les divers cabinets, conduits alors par des pilotes égarés, avaient abandonné le vaisseau de leurs états aux vents perfides de la révolution qui seule en agitait les voiles. L'Angleterre en gémit. Elle laissa les siennes exploiter commodément le monde jusqu'à ce que les principales cours voulussent enfin mettre plus de concert et de foi dans leurs opérations, pour sauver le vieux continent tombé dans l'enfance, de la cruauté des guerres philosophiques. Cette puissante et sage monarchie, digne de son humaine suzeraineté sur toutes les autres, ne vit plus le remède du mal que dans l'excès du mal même. Elle ne songea donc plus qu'à prendre des positions militaires sur les points importants qui la rendent aujourd'hui maîtresse du globe, et promettent à ses missions politiques et commerciales d'en continuer la civilisation (1).

____

(1) Dans une brochure intitulée l'*Europe conquise avec une plume et du coton*, je parlais de ces mêmes avantages de l'Angleterre comme oppressifs ; mais il y a dix ans, et il me fallait un

Qui l'a conduite à cet état de grandeur inouïe et de véritable dignité qu'aucun conquérant n'atteignit jamais ? ses trois inséparables alliés, la boussole, l'imprimerie et les lettres-de-change, c'est-à-dire, l'honorable crédit public.

Tout à coup en ce temps-là on aperçut à l'extrémité de l'horizon l'esquif trop agile qui ramenait d'Egypte le Cristophe blanc d'Ajaccio, le rancuneux ami de Kleber, de Hoche et de tant d'autres. Les fortes craintes font naître les folles espérances. Toutes les puissances inquiètes, leurs ministres, dont le langage diplomatique se trouvait singulièrement deconcerté par celui des métaphysiciens en bonnet rouge, n'attendaient plus rien que de l'intervention de ce tapageur éternel qui venait de faire brûler dix-neuf de nos vaisseaux de ligne par l'intrépide Nelson, de prendre Malte pour l'Angleterre, comme il avait pris l'Egypte pour qu'elle l'en chassât ; qui devait un jour détruire la Hollande pour la Grande-Bretagne, lui donner l'île de France, lui concéder, après toutes les marines anéanties, le pouvoir de séparer désormais à sa volonté l'Europe de l'Asie, et nous priver ainsi

---

cadre, un verre, pour offrir en transparence mes idées, opposer aux conquêtes de la guerre les conquêtes, les durables conquêtes du commerce, et tendre à inspirer la paix. Les journaux de Londres l'entendirent et en parlèrent ainsi. En France, quelques personnes me traitèrent d'Anglomane, pour avoir publié cette brochure. Elles avaient raison, et je n'en suis pas moins très Français.

des anciennes et utiles communications que nos pères devaient au gouvernement tutélaire de la maison de Bourbon.

Les émigrés fatigués de parcourir de coupables et ingrates Ninives, et de leur crier d'une voix éloquemment prophétique, *encore quarante jours!* les emigrés si maltraités partout, excepté dans une république royaliste (Hambourg) et dans une monarchie républicaine (l'Angleterre) ne virent eux-mêmes en Bonaparte qu'un redempteur, et demandèrent à revoir leur malheureuse patrie.

Nous le laissions hélas, dans ces contrées lointaines, le véritable redempteur de notre pays! jamais sans doute nous n'eussions dû revenir de cette pieuse croisade, sans ramener l'oriflamme et les descendants de saint Louis! Notre défection, astucieusement provoquée par l'impie, fut encore un piége tendu à notre bonne foi, un nouveau plan formé pour ébranler les trônes et révolutionner les peuples.

Je revins avec tous ceux qui rentrèrent plusieurs mois après la création de cet autre gouvernement nommé du nom bisarre de consulat. Je n'avais pas quitté Hambourg depuis mon voyage explicatif de Londres; et le dirai-je, jusqu'au moment où le diadème fut souillé par un sacrilége et un assassinat, je n'étais pas le seul dont l'espoir se livrât encore aux plus pures, aux plus chères illusions.

Quoi ! tout ce qui se recommande le plus à la vénération des hommes, les rois gardiens augustes de la religion et de la morale vont assister par leurs ambassadeurs à ce couronnement ! ah sans doute, s'écriaient de ces simples et honnêtes gens qui n'ont d'esprit que par le cœur ! ce couronnement n'est que simulé et voile pour quelques instants le trône d'un prince de la vraie race ! et en effet, pouvait-il exister cet acte religieux pour consolider une usurpation solennelle et si destructive des droits inviolables de souverains ? autant valait-il dire au premier soldat de leurs troupes, *osez, et vous serez couronné.* Pouvait-on croire que le prince des enfers, déguisant ses traits impurs sous les traits les plus sacrés, eût transporté le vicaire de Jésus-Christ sur un autre *Tabor*, et que le tentateur eût osé lui faire des offres et des promesses sans en être reconnu ?

Que de vertus furent abusées ! que d'honorables talents, que d'anciennes dignités furent présentes à cette pompe criminelle ! Ces mêmes lévites, qui avaient béni nos royales bannières et les précédèrent autrefois sur le Rhin, en ouvraient la marche. Dans leur confiante sécurité, ils adressaient au ciel de pieux cantiques ; leurs mains s'élevaient dans les airs en signe d'allégresse et de reconnaissance, quand ils auraient dû se prosterner la face contre terre et se couvrir de cendres pour détourner la colère céleste !

Ne dirait-on pas que le courage et l'honneur, dans certaines circonstances, ne sont que du bon sens ! Quelques grands de cet empire, qui devait bientôt être celui des morts plutôt que celui des vivants, outragés de cette insultante ambition et redoutant le honteux servage d'un horrible tyran, eurent le projet (1) de faire tomber une tête dont la chute aurait préservé celle de plus de quatre millions d'hommes. Une lâcheté détourna le fer ; il lui était réservé de combler nos malheurs, de nous couvrir de honte et de périr de sa propre lâcheté.

Peu de temps après cette abominable saturnale, si dégradante pour des peuples qui vantent leur honneur, leur haute raison, leurs lumières, M. de Lacoudraye, qui précédemment avait fait un voyage de Paris à Londres dans les intérêts du Roi, et venait d'en être victime, me dit ces mots que je n'oublierai jamais : « La couronne » que Buonaparte a osé placer sur sa tête est son » arrêt de mort ou celui de tous les rois. La

____

(1) Un général, d'une taille et d'une force remarquables, devait, un jour de parade, lui saisir la jambe et le jeter en bas de son cheval ; dans le même instant, il eût été enveloppé et frappé par de vigoureux auxiliaires, que leur existence plaçait naturellement à ses côtés. Ces dispositions furent révélées à Buonaparte par un individu dont on était loin de se méfier ; il en fut bientôt récompensé par une grande place. L'astucieux despote déconcerta la conjuration, et dissimula toujours devant les conjurés.

» main d'un particulier qui touche au sceptre
» est une main sacrilége; dès-lors les peuples sont
» en danger, ils sont au moment d'être la victime
» et la proie de quelques scélérats ambitieux. »
A ces phrases, d'un sens si juste, il en ajouta
d'autres pour me peindre le charme, les illusions
du passé et l'horreur de l'avenir. « Quelque pro-
» fond que soit l'abîme, continua-t-il, jamais je
» ne désespérerai, jamais je n'abandonnerai la
» cause du Roi. Elle est celle de tous les souve-
» rains. Serrez moi la main, et de Paris seulement
» aidez mes efforts; je vous demande de faire
» encore tout ce que vous pourrez; il sortait de
» la force par mes soins pour préserver ma cons-
» tance. Laissez-moi faire le reste. »

Je ne voyais à Paris aucun ministre, pas même
l'ambassadeur très estimable que j'avais connu à
Hambourg. Joignant une somme de 24,000 francs
à un capital de 40,000 que mon frère m'a laissé
plus de sept ans dans les mains, je m'occupais à
les faire valoir, lorsque les circonstances vinrent
m'offrir un point d'appui qui pouvait être utile-
ment ménagé dans ces jours difficiles; combien
je m'empressai de le saisir!

M. de Lacoudraye avait été gravement compromis par l'affaire des généraux George et
Moreau. Arrêté comme eux, son dévouement
avait une autre direction; mais il était si connu
par ce même dévouement, qu'il courait les mêmes

risques. Il allait être renfermé dans une prison d'état. Je fis l'impossible pour changer son sort. L'exil fut décidé; mais enfin je réussis à le faire rendre à la liberté entière, c'est-à-dire à son zèle et à ses brûlantes espérances. Seul dans son secret, mêlant mes vœux aux siens, je lui fis obtenir un passeport pour l'étranger; et se jouant des propositions qui lui étaient faites, il partit afin de manœuvrer toujours pour l'abaissement du souverain que les autres souverains venaient d'élever. Muni de beaucoup de renseignements, de matériaux utiles, il passa en Allemagne. Ses premières nouvelles m'arrivèrent de Berlin.

Que ne fit-il pas dans ce voyage! Bientôt il est rendu auprès du roi de Suède, si disposé à venger la mort de son illustre ami. Il établit une correspondance avec le général *Dumouriez*, et devient un intermédiaire entre lui et divers personnages sur le continent, pendant que je lui fais passer les renseignements les plus essentiels et les plus étendus.

Mais ce fut à son second voyage à Berlin que les moyens et les propositions, dont M. de Lacoudraye était porteur, firent une vive impression sur son A. R. le prince Louis Ferdinand. Fortifié auprès de ce prince par les plans nerveux auxquels l'avait adjoint le général Dumouriez, réuni à M. le comte d'*Entraigues*, la présence et l'assentiment d'un homme aussi prépondérant

M. de Muller , historiographe de sa Majesté
ssienne, consolidèrent de vastes et solides pro-
. Il devait accompagner ce dernier à Londres.
ngleterre étant décidée à régulariser une
ssante coalition , s'était engagée à seconder de
te son énergie les résolutions de son A. R. le
ce Louis Ferdinand , indigné de l'influence
Buonaparte exerçait sur le cabinet de Prusse.
lheureusement pour ce pays , l'armée et le
ple entraînèrent trop rapidement la guerre.
Prussiens belliqueux , et si justement exas-
és , crièrent aux armes malgré le ministère ,
'on se battit avant que l'Angleterre et la Russie
sent fait les préparatifs nécessaires pour sou-
ir des dispositions aussi généreuses.
'est ainsi que l'Autriche , se livrant avec trop
deur et malgré de sages instances , perdit la
aille d'Austerlitz , pour n'avoir pas voulu
ner du temps et cherché à fatiguer l'ennemi
des marches et contre-marches. L'Angleterre
ait hâtée d'envoyer le général Dumouriez à
une pour l'engager à ne pas se départir de
e manœuvre. La défaite de l'armée autri-
enne prouva de plus en plus que la première
sée de Buonaparte était toujours d'*individua-
r* ses ennemis, de les battre séparément et
oir ainsi bon marché de tous.
a Prusse était momentanément abattue, mais
ourage de M. de Lacoudraye ne pouvait ja-

mais l'être. Il partit pour la Russie, dont la destinée est d'être l'arbitre du continent tant qu'elle sera unie à l'Angleterre. Il expédie un Mémoire détaillé à l'un des ministres le plus marquant de S. M. l'empereur de Russie, lui montre les chances funestes que ce magnanime souverain courut bientôt même au sein de son empire, et lui découvre le dessein arrêté par Buonaparte de démolir jusqu'aux derniers fondements de toutes les monarchies.

Tant d'actives et loyales démarches ne pouvaient qu'être aperçues par l'œil des différents ministres de Buonaparte, soit dans les cours de Prusse, de Saxe ou en Pologne; et pendant que je frémissais d'être compromis par ce qui se passait au loin, d'autres soins, pour le même but, tenaient, d'une autre part, mes esprits dans une anxiété continuelle. Pour éloigner les soupçons je ne pris jamais d'autres moyens que d'être vrai et de me montrer toujours contre le gouvernement, devant les hommes du gouvernement même, sous le rapport de l'opinion. Jamais je n'ai cessé de dire qu'il allait en sens inverse des intérêts, des amours propres, des préjugés même, et j'annonçais toujours sa chute. Certes je ne pouvais me tromper, et j'abondais chaque jour en preuves et en résultats. Après cela j'allais rédiger secrètement des mémoires et des notes, que le zèle trop méconnu de M. Es..... faisait parvenir à deux des principaux souverains de l'Europe sans que les ambassades de France pussent jamais le soupçonner.

Qu'ils étaient curieux tous ces détails d'impatience, d'astuce, d'hypocrisie, de résolutions violentes de Buonaparte lors de la rupture des ponts du Danube avant la bataille de Wagram ! Quelles anxiétés dans l'île de Lobau et dans sa prompte traversée ! Une personne (1) d'un grand caractère, d'une rare intelligence, me tenait au courant, et ne le quitta pas pendant cinquante jours. Elle était témoin de ses agitations lorsqu'il se réveillait la nuit dans le sac de peau où il couchait tout nu. — « Vois cette Autriche, disait-» il une fois au maréchal Duroc, peu de jours » avant la bataille décisive, voilà vingt années et » vingt armées que nous usons contre elle, elle » est toujours debout ! Quelle force réelle ! quelle » population ! je le vois, c'est par les ailes et non » par le flanc qu'il faut attaquer l'Europe. Plus » de guerre contre l'Autriche que l'Espagne ne » soit soumise. »

M. de Lacoudraye avait été arrêté à Berlin par ordre de Buonaparte, et enfermé long-temps dans cette capitale ; tout ce que je pus faire alors à une distance aussi éloignée, je le fis. Les armées

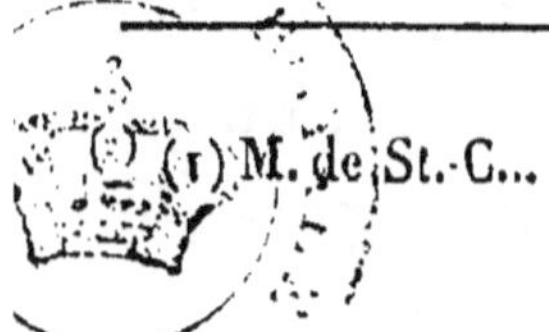

(1) M. de St.-C...

I

françaises couvraient la Prusse ; il pouvait être à tout instant convaincu d'avoir desservi la France, servi ses ennemis, et condamné à être fusillé. L'affaire se calma ; il fut ramené en France sous la garde de nos troupes, où le même danger l'attendait encore. Un mot du ministre de la police générale, c'en était fait de lui. Il en fut quitte pour six mois de détention au fort de Joux. J'obtins ensuite qu'il habiterait Dijon.

Deux ans après, je manquai d'éprouver le contre-coup de tant de soins et de peines pour les autres et pour moi. Un mémoire fut adressé à Buonaparte par un ancien secrétaire de légation de France sous la république. J'y étais dénoncé comme le chef d'une agence anglaise, servant de ralliement et de guide, depuis plusieurs années, à nombre de personnes toutes désignées et la plupart anciens émigrés. On y disait que l'Angleterre et les Bourbons étaient parvenus à organiser une sorte de ministère pour eux au milieu du ministère d'un grand souverain. L'or et la corruption avaient mis à la disposition absolue de la faction étrangère ceux que Buonaparte croyait à la sienne, etc. En politique je ne connais point d'ennemis dans les hommes. Aujourd'hui je rendrais service à ceux qui auraient voulu me nuire le plus ; je n'en connais d'irréconciliables que dans les maximes subversives de l'ordre général et du bonheur des peuples, dont les rois légitimes sont les seuls garants. Je conserve une copie des principaux faits de ce mémoire dénonciateur, qui fut remis aux mains du plus haut pouvoir et fut sur le point de me perdre; je garde une reconnaissance durable à celui qui m'a garanti, et j'oublie celui qui m'a dénoncé. Ce jubilé politique doit durer plus d'une année, et nous ramener au moins à quelques communes et franches vertus.

Pourra-t-on se le persuader! M. de Lacoudraye avait encore osé entreprendre quelque chose à Dijon. Lié avec M. Kopp, personnage digne de la confiance d'un des plus grands hommes d'état de l'Europe, M. le baron de Ste....., il travaillait, dans son exil même, à de nouvelles manœuvres qui se préparaient pour secouer le joug révolutionnaire de la France à la première circonstance favorable.

Il arrive à Paris secrètement, me fait part de cette situation de choses et des réflexions suivantes : « Si les armées françaises s'avancent au-delà des frontières de Pologne, elles seront perdues sans retour, ainsi que l'extravagant qui les conduit; mais c'en est fait aussi de la France. Son territoire, sa marine, sa belle extension vers le Rhin, son commerce, son existence sous les rapports politiques; tout est sacrifié, tout est perdu. La patrie ne peut être sauvée réellement que par le retour spontané d'un Bourbon. Les

victoires passées et les généraux qui les rempor-
taient garantissent seuls, avec le Monarque légitime, la durée, la gloire, l'intégrité de l'Etat.
C'est dans Paris même qu'il faut savoir oser. Je
veux arriver à Londres. Le gouvernement anglais
trouvera encore des hommes dévoués, et le Roi
sentira qu'il n'y a qu'un moyen de conserver le
rang et le territoire de la monarchie, c'est qu'elle
même se rende à lui, mais qu'on ne la lui
rende pas. »

Je lui répondis qu'il me semblait que la coalition projetée pouvait seule fixer le sort de la maison de Bourbon, qu'elle devait se livrer aujour-
d'hui à la destinée des souverains. Je lui appris
que M. le comte de N....., pour lequel il avait
une considération si profonde et si méritée, avait
reçu très fréquemment des nouvelles de tout ce
qu'il importait à son auguste souverain de connaître. Je lui dis encore que ce qu'il avait annoncé
comme probable, à une autre époque, au gou-
verneur civil de Courlande, M. d'Arsen....., et
bien avant lui à S. M. le roi de Suède, à Griswald,
était invariablement déterminé. Sachez, lui
ajoutai-je, que plus d'un assassinat royal est dé-
crété. De son trône criminel, Buonaparte a résolu
de détrôner enfin tous les rois. Alors je lui con-
fiai comment et d'où je savais plus particulière-
ment que s'il traversait la Russie en vainqueur, il
devait ensuite foudroyer l'Autriche, renverser la

maison de son beau-père, se venger de la froideur humiliante des archiducs, et partout ériger ses préfectures impériales. On sait que l'Espagne, toute l'Italie, la Hollande, la Prusse, la Pologne, étaient déjà la proie du monstrueux conquérant. Ce n'est pas tout. Apprenez que les princes, les grandes familles héréditaires, les ministres, les généraux qui ont marqué, comme les généraux Blucker, Chasteler, etc., MM. de Stein, de Stadion, Rosumowski, etc., toutes ces têtes doivent tomber. Celles des notables dans les hauts rangs du commerce, de la bourgeoisie, connus par leur attachement aux anciennes traditions, auront le même sort. Les concessions que veut absolument l'orgueilleuse secte qui s'est cachée, ou montrée sous tant de noms jusqu'à présent, lui ont été accordées trop lentement. Les attentats commis par ce bourreau, député d'Arras, qui eut aussi son règne (1), ne seront qu'une faible esquisse des attentats qui auront lieu. Il dévasta la France, mais il faut que l'Europe soit dévastée. Le roi très chrétien mourut sous la hache des Wechabites d'occident ; il faut que par celui qui est devenu leur chef, les autres rois périssent. Les champs de bataille ne seront que la place de Grève élargie, où ruissellera le sang des Européens indistinctement. Espagnols héroïques, no-

---

(1) N'a-t-on pas dit le règne de Robespierre ?

bles Portugais, Allemands fidèles, braves Russes, honorables et fiers Anglais, oui, vous étiez condamnés à la peine de mort par le comité révolutionnaire impérial ! Vous deviez la subir sous la mitraille expéditive. La plus généreuse de toutes les nations était destinée à consommer cette œuvre. Cinq cent mille hommes furent réunis à cette fin. On fit briller aux yeux de cette armée formidable, à l'imagination de ses généraux intrépides, le phosphore magique de la gloire. Ils devaient périr à leur tour ; qu'importe ! Le grand but était qu'ils ne pussent jamais se douter que les canons rapides ne s'avançaient que pour remplacer le nombre et diminuer la lenteur des échafauds.

Ainsi devait s'accomplir cette phrase prophétique : « Dans dix ans je veux que ma dynastie » soit la plus ancienne de l'Europe. — Je n'ai encore rien fait, disait-il au maréchal Duroc ; ces » soldats, ces grands corps de troupes que j'emploie des bouches du Cataro jusqu'à Dantzig, » sont des recrues que j'exerce et destine à une » grande opération. » Vous deviez tous périr, monarques qui espérâtes en lui, vous qu'il séduisit par son système continental, vous qu'il retenait captifs dans la Tourraine ! Déjà le pape, la famille royale d'Espagne étaient sous sa main ; déjà, sans la fermeté du général prince de Blucker et le départ du roi de Prusse pour Breslaw, c'en était fait de lui. Et le roi de Danemarck fût-il jamais retourné à Copenhague, s'il eût accepté le rendez-vous que le bon empereur de France le fit prier d'accepter à Hambourg, lorsque naguères il parcourait les silencieux départements de la Hollande.

Voilà l'homme fléau, voilà le destructeur armé dont les conceptions à froid eussent épouvanté Tibère et Caligula, et trouvaient des admirateurs dans quelques académiciens opiniâtrement occupés de la perfectibilité des gouvernements et des hommes, qui appelaient gloire et prospérité ces trop affligeants, ces trop fameux désastres ! Les rois humiliés en ont-ils délivré les peuples ? Les peuples châtiés en ont-ils délivré les rois ? La politique cessera-t-elle bientôt d'outrager le droit divin et la morale des nations, en témoignant de publics égards à ceux qui voulurent prouver que le crime était une puissance. L'histoire ne flétrira-t-elle pas ce siècle où l'abjection devint un mérite, la cruauté un talent, où les mots cessèrent de représenter les choses, où l'impunité des vices triomphants légitimaient, pour ainsi dire, le doute du sceptique et les blasphèmes des athées !

Bientôt on écrivit de Dijon à Paris, que M. de Lacoudraye avait disparu. Les ordres les plus sévères furent donnés pour l'arrêter. Dans ces circonstances il n'y avait pas de temps à perdre pour aller au-devant de l'autorité aussi inquiète qu'irritée ; je réussis à la calmer d'abord, mais une particularité redoubla l'inquiétude qu'il causait.

Un personnage qui jouissait de beaucoup de considération , grand maître dans l'art d'écrire, et qui fut à la tête de deux des premiers corps de l'état, renfermant, dans son ame contrainte, des sentiments d'élévation et de fidélité au roi, avait cherché plusieurs fois à contribuer à l'utile développement de ceux de M. de Lacoudraye. A moins de compromettre son opinion et les intérêts les plus sacrés , il faut bien, dans les temps impérieux , savoir se taire devant les apparences. C'était le cas de ce personnage ; cependant il osa recommander M. de Lacoudraye à l'homme de France (1) qui était le plus près de toutes les pensées de Buonaparte. Il en eut plusieurs audiences, nous étions dans la joie, il allait repartir sous un prétexte quelconque et on ne peut mieux étayé , lorsqu'une branche du pouvoir prit ombrage de ce rapprochement et vint tout à coup le briser. Les lettres de rendez-vous dont il était porteur devinrent bien une sauve-garde , mais un ordre du ministre de la police générale, lui prescrivit de retourner en exil à Dijon. Il s'en fallait bien qu'il voulût rester à Paris, puisqu'il ne songeait qu'à un nouveau voyage en Angleterre. J'insistai donc pour qu'il fût en Normandie. Mais depuis

---

(1) Le maréchal Duroc.

le Hâvre jusqu'à Cherbourg, il tenta vainement de s'embarquer. Enfin il revint payer de sa personne et de son zèle à Paris, lorsqu'il avait encore l'honneur d'être presque seul signalé comme le plus dangereux ennemi de Buonaparte, et dans un moment où il fut à craindre que les circonstances ne prolongeassent son dévouement et ses périls.

Ces détails, presque tous personnels, sont un peu longs ; mais qu'il est pressant le besoin d'intéresser toujours ceux qui nous ont toujours intéressés ; et ces jours ne sont-ils pas une de ces époques extraordinaires où tout galant-homme doit s'entretenir avec le public comme avec son légitime défenseur, et l'ami le plus cher et le plus estimable. Nous n'avons plus à craindre ni à feindre. On n'a plus besoin de se rapprocher de...... pour lequel le renversement général de tous les principes avait un charme particulier, et n'était qu'un moyen d'ordre, un but de sagesse, de..... qui ne réussissait que par le mensonge, l'impudence, la facilité de nuire, de faire des libelles, de.... qui ne pourrait compter ses victimes comme il peut compter ses terres, ses actions de la banque, et ses millions en caisse. Les Bourbons, ces augustes pères de toutes les familles, sont devenus la garantie des oppresseurs et la consolation des opprimés. Leur nom céleste et protecteur, exprime seul, pour tous, la stabilité des principes

de conservation de vraie grandeur et de féli-
cité.

Je touche à une époque qui sera à jamais cé-
lèbre dans les annales de l'histoire, où, guidés
par leur majestueuse étoile, trois rois dont la pos-
térité, la morale, la vraie politique consacreront
la touchante union et les magnanimes vertus,
vinrent d'orient et d'occident pour opérer des
merveilles, rendre gloire à Dieu, la paix aux
hommes de bonne volonté, et à la France son
légitime souverain.

Etroitement lié, comme on l'a vu, avec M. de
Lacoudraye, qui, depuis douze ans surtout, épui-
sait en constance, en efforts, tout ce qui pouvait
être entrepris pour la maison de Bourbon, il ac-
courut à Paris sur la responsabilité de mon propre
dévouement, aussitôt que les coalisés pénétrèrent
en France, malgré les périls qui l'y attendaient
s'il avait été découvert. On se rappelle le moment
où leurs troupes parurent battre en retraite sur
Troyes. Nos espérances s'évanouïssaient, et nous
étions tous les deux désolés, lorsqu'un projet im-
portant, des plus favorables à la prompte restauration du trône, m'obligea à me séparer de lui et
de son aveu, je partis rapidement pour le Limousin.

Nous étions informés, M. le marquis de M...
et moi, que près de quatre-vingt mille prisonniers
russes, allemands, surtout espagnols, se trou-

vaient réunis dans la Marche et le Limousin. Il conçut l'idée de les soulever et de se créer sur ce point une force d'insurrection pour étayer les mouvements qui étaient déjà préparés dans la Bretagne. « Je trouverai, me dit-il, parmi les » prisonniers d'état, un homme d'une grande » bravoure, d'un grand talent, le général hano- » vrien comte de Ha....., auquel je suis très atta- » ché. Personne, mieux que lui, ne peut décider » la fortune et favoriser le succès de notre plan. » Il fut donc décidé que je m'y rendrais au plutôt et on me chargea de diverses dispositions. Je pré- textai une affaire très apparente qui justifiait mon déplacement à merveille. Ce fut avec la plus grande facilité que je m'assurai de la bonne vo- lonté de quelques Catalans. Ils étaient tellement décidés, que lorsque j'eus dit à l'un d'eux que les Anglais étaient à Bordeaux, de suite ils firent le complot de se soulever, et de se rendre maîtres des villes et villages où ils cantonnaient. Ils ne se possédaient pas, et Limoges, où ils étaient en grand nombre, courut alors le plus grand danger. Mais les événements se pressaient rapidement en Champagne. Le pays où je me trouvais et où il fallait agir sans délai était à cent lieues de Paris ; l'ennemi, ou plutôt nos alliés, en reprenaient vivement le chemin. Le marquis de .... ne songea plus qu'à s'y rendre utile, et je reçus l'avis de revenir. Cependant si Buonaparte avait établi une ligne d'opérations sur la Loire, où la régence était déjà fixée, nous aurions déterminé une manœuvre qui eût été immanquablement décisive contre l'usurpateur.

Je ne me trouvai donc pas dans la capitale le jour même que les Souverains de l'Europe tardivement croisés pour venger la religion, les trônes et les peuples, y vinrent après avoir essuyé vingt années de revers. On les vit tracer enfin leur camp sous les murs de la cité immense d'où la révolution, toute entière concentrée dans un seul homme, présidait avec un barbare orgueil au bouleversement de tous les états. Du Volga au Tage, du Vésuve aux digues de la Hollande, population, richesses, institutions, tout avait éprouvé la rapidité de l'impérial et destructeur cylindre.

Soumettant à la raison et au calcul tout ce que nous soumettons aux passions, la prudente et courageuse Angleterre soutenait encore les fondements ébranlés de la vieille Europe. Seule elle excitait par sa constance et ses sacrifices les nations à une légitime défense. Les grands hommes de ce pays, il faut en convenir, quoique si près de nous, paraissent ressembler aux grands hommes de Plutarque ; ils en ont la respectable phisionomie, tant leurs sentiments sont héroïques, tant certaine est leur sagesse, tant leurs lumieres sont des principes.

Un autre duc de Marlborough, patient, valeureux comme Turenne ou Scipion, un de ces héros, produits d'une haute civilisation, pour qui l'art de la guerre n'est pas seulement l'art de détruire, mais aussi l'art de conserver, lord Wellington était insensiblement descendu de Lisbonne. Rangeant derrière lui toutes les Espagnes et le midi de la France, de son épée victorieuse il indiquait aux monarques coalisés d'entrer incessamment dans Paris, ou qu'il viendrait lui-même y arborer ses drapeaux libérateurs.

A cette réunion des plus vaillants, des plus expérimentés capitaines vint se mêler, comme auxiliaires, l'effervescence d'honneur et la courageuse légèreté d'une élite de jeunes gens de Paris, parmi lesquels se fit beaucoup remarquer le marquis de M....., dont le père, grand-père et douze des plus proches parents sont morts pour le roi dans la guerre sainte qu'illustrèrent les noms de Charette, de la Rochejaquelein, de d'Elbé, de Frotté, et de tant d'autres héros.

Il m'appartient de faire une question et en même temps d'y répondre : qui alimenta cette admirable impulsion dans ces braves et loyaux jeunes gens ? *un homme d'un grand mérite,* d'une prodigieuse activité, ayant toujours un sage conseil pour un embarras, un service pour le malheur, une nouvelle intéressante pour la curiosité ; continuellement aux soins, aux attentions pour ses amis, trouvant dans son acquit des plans utiles, des ressources variées pour des ministres toujours occupés de se rendre nécessaires : cet homme entreprenant fut la tête de Méduse pour ceux de Buonaparte. Ses pensées , ses démarches se rattachaient immédiatement aux pensées, aux directions de S. A. le prince de..... Chaque jour pendant un an, il brava la mort, risqua sa tête pour ces Bourbons dont les bienfaits et l'antique honneur présentent aux Français une charte d'une aussi sûre garantie que la charte constitutionnelle proprement dite.

Au temps de la ligue un *duc de Brissac* rendit les clefs de la capitale au bon Henri ; il était réservé à *un Périgord* de faire plus de nos jours et d'aller au-devant de son roi lui offrir celles de la France entière ; il était réservé au noble gouvernement provisoire, aux grands de l'état de 1814 d'influencer de tout leur poids d'aussi belles destinées, et de relever une monarchie que les grands de l'état de 1789 avaient si puissamment contribué à renverser.

La tournure d'esprit, la trempe du caractère de certains individus piquent la curiosité, excitent l'intérêt. Celui qui par ses discrets mouvements, son étonnante sagacité, servit si bien le grand personnage dont je viens de parler, qui seconda sa prévoyance, son habileté à ajourner les évènements, à en combiner le développement pour mieux les fixer, celui enfin qui a tant concouru la première fois à délivrer l'Europe d'un Pugatchef couronné (1), est l'homme du monde le plus remarquable par sa prompte justesse de conception, son tact parfait pour conduire les choses et en voir le but, l'homme de Paris le plus serviable, et qui a été le plus desservi, le plus connu, le plus digne de l'être, et le moins apprécié, l'homme le plus droit et le plus trompé, cet homme si attachant par le charme de son esprit, par sa bonne conversation, et excellent par le cœur, que de gens en évidence lui doivent leur élévation ou leur fortune! d'un trait de plume il pouvait déterminer la sienne ; il n'a pensé qu'aux intérêts du roi, qu'à ceux de ses amis : il les servirait encore, sans se souvenir que personne ne semble s'être occupé de lui : le désigner ainsi, c'est l'avoir nommé. On en conviendra : si un tel individu est agréable à rencontrer, il est encore meilleur à connaître. Depuis quelques années je jouissais de sa société trop fugitive, et je rivalisais d'estime et d'affection pour lui avec ceux qui lui en portaient le plus (2).

---

(1) Factieux contre lequel Catherine II fit marcher des troupes.

(2) Je le voyais depuis six ans, et l'environnais de la plus confiante et de la plus affectueuse estime. Nous avons souvent échangé nos sentiments et nos opinions à fond sous cette monarchie vandale, où il n'y avait de juste qu'un seul privilége, que nous avons heureusement perdu, celui *de mentir.* Combien de fois ne nous

J'arrivai à Paris le soir même du jour où son altesse royale Monsieur s'offrit pour la première fois à ses habitants transportés d'allégresse. Mais quel fut mon regret, après nombre d'années de l'apostolat le plus dangereux, pendant lequel j'osai si souvent prêcher l'évangile royal, ébranler, modifier les opinions, les actes de puissants infidèles, et convertir autant que je le pouvais à la cause du roi; quel fut mon regret, dis-je, de n'avoir pu mêler mes transports à ces premiers transports! avec quelle joie je regardai la circonstance qui vint s'offrir comme un précieux dédommagement!

On me propose de me rendre à Orléans pour des motifs confidentiels qui regardent le service du roi et le bien de l'état. Rien de plus régulier,

---

sommes-nous pas entretenus des moyens d'avancer cette époque! *Attendre* était son mot. L'homme faisait assez lui-même ; sa force créait insensiblement la force, ses masses ne faisaient que disposer des masses; tous les peuples, après avoir été considérés par lui comme de simples affûts vivants, finiraient par se tourner bientôt contre sa puissance. Il fallait marcher avec les temps, laisser aller les guerres impériales et les folies ministérielles ; d'ailleurs se garantir de Vincennes, etc. etc. Malgré ces documents et ce grand coup-d'œil!, combien n'a-t-il pas fallu que sa vigilance, l'adresse et les soins d'amis sûrs s'employassent pour garantir son existence Personne mieux que moi n'a connu cette position violente, dans laquelle son ame se montra toujours égale, magnanime et persévérante.

de plus imposant que les ordres ministériels qui me sont présentés. Leur unique but est de recouvrer des valeurs considérables soustraites au garde-meuble et au trésor public, valeurs que l'on supposait avoir été transportées vers la Loire du côté de Blois où Joseph et Jérôme et les derniers débris de la régence s'étaient retirés. Il n'y a pas un instant à perdre, me dit-on : il faut partir. La personne chargée de cette mission m'annonce qu'elle doit suivre une autre route que moi, accompagnée de quelqu'un que je ne connaissais pas. Je sais qu'elle ne peut agir qu'avec le concours respectable des autorités civiles ou militaires.

Me croyant, de toute foi, sous l'œil du gouvernement, et m'y trouvant en effet, je pars avec le désir si naturel et si empressé d'être utile, amenant dans ma voiture un fidèle domestique à mon service, depuis dix ans. Ce déplacement était provoqué d'ailleurs par ma confiance la plus abandonnée dans ce même personnage si influent, dont le nom fut mis en avant près de moi, qui avait tant entrepris pour la restauration du trône, et que je n'eus même pas le temps de voir. Eh bien ! ce déplacement servit de prétexte aux passions d'hommes toujours en crédit, que les heureux changements irritaient, et me fit compliquer dans une affaire qui outrageait à la fois le bon sens et l'honneur, affaire à laquelle les temps, les lieux, ma sécurité, me montraient évidemment étranger. La justice la plus entière m'a été rendue, mais tardivement, mais après que l'intrigue eut long-temps abusé le pouvoir. Qui le croirait, ce n'est pas un faible embarras que d'être innocent, et même jugé tel ! Buonaparte revenu de l'île d'Elbe, sa politique infernale résolut de tirer parti de ce scandaleux événement ; il exigea qu'un autre genre de délit fût caractérisé par les apparences de celui dont j'étais reconnu irréprochable, et qu'il fût constaté que cette mission avait eu un but secret contre sa personne. Son machiavélisme anoblit beaucoup mon horrible et injuste détention, mais elle en augmenta singulièrement les dangers. Pendant trois mois, j'eus l'honneur de défendre, *au péril de ma vie*, le personnage le plus auguste, et les hommes les plus distingués par leur caractère et leur attachement au Roi, d'assertions impudemment calomniatrices, dont le cabinet de l'imposteur arrangeait l'étalage, et que l'Europe tant de fois mystifiée aurait crue en en lisant la subtile rédaction dans les pages du Moniteur. La bataille de Waterlo, cette défaite si réelle, vint mettre fin à une de ces trames imaginaires dont ce monstre guerrier et son lâche conseil se servirent plus d'une fois pour tromper les peuples et embarrasser les cours.

Qui ne me conseillera d'en appeler maintenant à la justice du monarque, centre de toute équité ;

à ce Souverain , père de ses peuples , qui a rapporté l'honneur à tant de gens qui n'avaient que des honneurs, de tendres sollicitudes pour ceux qui n'avaient exercé que la haine; la tolérance à ceux qui n'ont fait que persécuter! Qui ne me conseillera de lui dire d'un respectueux et libre langage : « J'ai été dénoncé à toute la France,
» enlevé à ma famille en deuil; j'ai été détenu
» pendant quinze mois, dont plus de sept au se-
» cret le plus rigoureux ; ma tête a dû tomber
» lorsque je n'avais pas même une pensée à dé-
» fendre, et ces calomnies politiques, ces persé-
» cutions, furent combinées par gens qui ne se
» montreront jamais. Ce n'est donc point assez
» que les lois ayent articulé ma douloureuse et
» facile justification. Peut-on absoudre l'inno-
» cence ! Je l'ai toujours tenue, cette justification,
» du ciel et de ma conscience. Mais, Sire, les
» inculpations dont j'ai été si cruellement l'objet,
» entraînaient la perte de l'honneur ; elles avaient
» déjà fait de moi une victime, lorsque dans ma
» prison il n'y avait pas un seul de mes amers
» soupirs qui ne fût pourtant entrecoupé des doux
» cris de *vive le Roi.* Ah Sire! ces torts affreux
» des hommes et des temps à mon égard, sont
» pour jamais effacés, si votre ame royale peut
» en être touchée, si me conciliant le moindre
» intérêt de Votre Majesté, elle veut bien me
» donner le droit de rivaliser avec ceux de ses

» sujets les plus respectueux et les plus inviola-
» blement résolus à se sacrifier pour elle. » Qui
ne m'engagera à parler ainsi, à exprimer avec
confiance des sentiments qui devaient être à l'abri
de pareilles infortunes !

FIN.